에모토 마사루 박사가 쓴 많은 책을 통해, 그가 찍은 놀라운 물의 결정 사진을 본 수많은 사람들은 그 아름다운 결정의 모양에 매료되었습니다. 에모토 박사는 자신의 선구적인 작업을 통해 사람의 생각이나 말이 물의 결정 형성에 직접적인 영향을 미친다는 사실을 보여 주었습니다. 그리고 우리의 신체가 대부분 물로 이루어졌기 때문에 우리의 생각이나 말이 우리 자신뿐만 아니라 우리 주위의 세계에도 확실히 영향을 미친다는 사실을 보여 주었습니다. 에모토 박사는 어린이를 위해 쓴 첫 책인 《물의 비밀》에서 물이 전하는 사랑과 평화와 희망의 메시지를 다음 세대에게 알려 줍니다. 흥미로우면서도 교육적인 이 책은 물에 대한 이해를 높임으로써 부모와 자녀 모두가 우리의 가장 소중한 자원인 물의 가치를 알게 되고, 물에 대한 고마움을 알 수 있도록 해 줄 것입니다.

2003년 유엔은 2005년부터 2015년까지의 기간을 '국제 생명을 위한 물 10개년'으로 정해 전 세계 사람들에게 물에 대해 관심과 노력을 기울일 것을 권고하였습니다. 환경 재앙과 자연 재해가 빈발하는 오늘날, 《물의 비밀》은 물을 잘 보존해야 할 필요성을 보여 주고, 우리의 희망과 협력이 중요하다는 것을 일깨워 줍니다. 우리의 생각과 말, 기도뿐만 아니라 사랑과 감사로 서로를 존중하는 우리의 태도를 통해 사람들의 의식이 변할 수 있도록 독자 여러분이 힘을 보태 주기 바랍니다. 물에 대한 우리의 이해가 모든 인류에게 평화를 가져오는 데 도움이 되기를 희망합니다.

물의 비밀

에모토 마사루 지음 / 박영민 옮김

세계의 어린이들에게

세용출판

물의 비밀
세계의 어린이들에게

초판 1쇄	찍은날 2007년 10월 10일
초판 14쇄	펴낸날 2021년 4월 26일

지은이	에모토 마사루
옮긴이	박영민
펴낸이	장승규
편집	이영란
디자인	박미영
제작	유성호
인쇄 제본	평화당 인쇄(주)
펴낸곳	도서출판 세용
주소	경기도 성남시 분당구 금곡로263, 508-801
등록	2003년 9월 17일 제300-2003-3
전화	031) 717-6798
팩스	031) 717-6799
E-mail	seyongbook@naver.com
ISBN	978-89-954102-8-8

*책값은 뒤표지에 있습니다.
*파본은 바꾸어 드립니다.

Copyright ⓒ 2006 by Beyond Words Publishing, Inc. Photography on pages 16, 18, 19, 21 and 25 provided by Hado Kyoiku-sha. First published by Beyond Words Publishing, Inc., Hillsboro, Oregon. www.beyondword.com. All rights reserved. Korean translation ⓒ 2007 Seyong Publishing Co. Korean translation rights arranged through Sylvia Hayse Literary Agency, LLC, Bandon USA and through Sunplus Agency, Seoul, Korea.

- 이 책《물의 비밀》은 〈국제 생명을 위한 물 재단〉이 발행한 〈에모토 프로젝트〉용 아동 도서와는 다릅니다.
- 이 책의 한국어판 저작권은 선플러스 에이전시를 통한 저작권자와의 독점계약으로 도서출판 세용에 있습니다.
- 저작권법에 의해 한국 내에서 보호받는 저작물이므로 무단전재 및 무단 복제를 금합니다.

세계의 어린이들에게

물은 내게 아주 특별한 존재입니다. 나는 물에 대해 연구하다가 물에 아주 매혹적인 여러 가지 성질이 있음을 알게 되었습니다. 나는 여러분이 이 책을 통해 이 놀라운 물의 세계를 알게 되고, 그래서 물을 사랑하고 아끼며 잘 보존할 수 있게 되기를 바랍니다. 어린이 여러분은 우리의 미래이기 때문에 이 세상에 아주 귀중한 존재입니다. 어린이들은 사물을 밝고 희망차고 새롭게 바라보지요. 저는 여러분이 물에 관해 제가 들려주는 이야기를 듣고 이를 활용해, 여러분 자신과 우리가 사는 세상에 긍정적인 변화를 가져올 수 있기를 바랍니다.

에모토 마사루

여러분은 물에 대해서 얼마나 알고 있나요?

예를 들어, 다음과 같은 사실을 알고 있나요?

여러분이 지금 마시는 물은 예전에 공룡이 마셨던 물과 똑같은 물이다.

여러분의 몸 속에는 피부나 혈액, 뼈 등 그 무엇보다도 물이 더 많이 들어 있다.

물은 아름다운 음악을 감상하기를 좋아한다.

나도 어렸을 적에는 물에 대해 많이 알지 못했어요. 하지만 물에 대해 궁금한 점이 많아서 내가 할 수 있는 한 열심히 알아보고 연구했어요. 그래서 이제는 물에 대해 많이 알게 되었고, 심지어는 '물의 비밀' 까지도 알아냈어요.

여러분도 물의 비밀이 무엇인지 알고 싶지 않으세요?

선뜻 믿기지는 않겠지만 여러분의 모든 생각이나 감정은 여러분 주위의 모든 것에 영향을 끼친답니다. 어디 한번 생각해 볼까요? 여러분이 다른 사람을 향해 웃어 주면 어떻게 되지요? 그 사람도 같이 여러분에게 웃음을 보여 주지 않던가요? 이렇게 여러분이 즐거운 마음을 다른 사람들과 함께 나누게 되면, 다른 사람들에게 긍정적인 기운을 전달해 주고 즐거운 마음을 불러일으킨답니다.

게다가 여러분의 기분은 사람에게만 전달되는 것이 아니라, 온 세상에 다 전달되어요. 여러분이 화난 마음이나 슬픈 마음으로 말을 하거나 그런 생각을 품으면, 이 세상에 분노와 슬픔이 더 커지게 되지요. 반대로 행복한 마음으로 말을 하거나 행복한 생각을 한다면, 여러분은 이 세상을 더 아름다운 곳으로 만드는 데 힘을 보태게 되는 거예요.

여러분이 얼마나 힘이 센 사람인지 잘 아셨죠? 여러분의 감정이 이 세상의 모든 것에 영향을 미치는 거라고요. 물까지도요!

네, 그래요. 사람이나 모든 생물이 다 그렇듯이, 물도 감정의 영향을 받아요. 우리는 물을 건강하게 유지하도록 우리 힘이 닿는 한 모든 일을 다 해야 해요. 물은 우리 삶에 아주 중요한 요소이기 때문이지요.

최근에 유엔에서는 세계의 모든 나라에 물을 잘 보존하기 위해 10개년 계획을 세우도록 했어요. 이 세상에 있는 모든 사람들이 물을 잘 보존하고 이용할 수 있도록 하기 위한 방법을 찾아보자는 뜻이랍니다.

그런데 이건 아세요? 이 일에는 바로 여러분의 도움도 필요하다는 사실을 말이에요!

이제 물과 물에 감추어진 비밀에 대해서 더 자세히 알아보고, 물을 잘 보호할 수 있는 방법을 생각해 보기로 해요.

유엔은 2005년에서 2015년까지의 기간을 '국제 생명을 위한 물 10개년'으로 선포했어요. '생명을 위한 물'에 관해 궁금한 점이 있으면 www.un.org/waterforlifedecade를 방문해 보세요.

물은 아주 오랜 기간 존재해 왔어요. 얼마나 오래 전부터 있었느냐 하면, 공룡이 살던 시대에도 물이 있었어요! 바로 물의 순환이라는 현상 때문에 우리는 수백만 년 전 공룡 위에 비가 되어 내렸던 그 물과 똑같은 물을 아직도 사용하고 있어요. 티라노사우루스와 트리케라톱스가 마셨던 바로 그 물을 마시고 있는 거지요. 그런데 따지고 보면 빗방울도 아주 오랜 시간이 걸려서 생기는 거예요. 빗방울 하나가 하늘에서 떨어져 땅 위의 물이 되는 데는 50년이나 걸리니까요.

지구 표면의 대부분은 물로 덮여 있지만, 우리가 마시는 물은 그 중에서도 아주 적은 양에 불과해요. 지구상에 있는 물은 대부분 사람이 이용하기에는 너무 짜거나 오염이 많이 되어 있거나 딱딱하게 얼어붙어 있어요. 하지만 사람은 사용할 가능성이 있는 것이라면 무엇이든지 결국에는 실제로 사용하고야 마는 법이지요.

우리가 일상 생활에서 물을 이용하는 방법에는 어떤 것이 있을까요?

물의 순환에는 네 가지 단계가 있습니다.

1. 증발은 태양이 물을 가열해 수증기로 변화시켜 공기 중으로 방출하는 현상을 말합니다.
2. 응결은 공기 중에 있는 수증기가 식으면서 구름이 형성되는 현상을 일컫습니다.
3. 강수는 응결 현상이 심해지면 구름이 더 이상 물을 머금고 있지 못해서 비, 우박, 진눈깨비, 눈 등의 형태로 지구 표면으로 떨어지는 현상을 말합니다.
4. 집수는 물이 지구 표면으로 다시 떨어져 모이는 현상을 말합니다. 물이 지상에 떨어지면 땅에 스며들어 지하수와 합쳐지고 강이나 연못, 호수, 바다 등지에 모이게 되면 물의 순환 과정이 처음부터 다시 시작됩니다.

여러분이 이를 닦는 데는 물이 7.5리터나 들어요. 화장실 변기의 물을 내리는 데는 약 26.5리터의 물이 소요됩니다. 샤워 한 번 하는 데 물을 거의 190리터나 사용한다는 사실, 믿어지세요?

보통 사람이 하루에 사용하는 물의 양은 거의 380리터나 된답니다!

무게로 따지면 약 360킬로그램(여러분 몸무게의 약 열 배에 해당되지요)이나 되는 양이에요!

물이 없으면 어떻게 될까요?

우리는 물이 있는 덕분에 몸도 씻고 또 물을 마시고 살기도 해요. 하지만 물은 이보다 더 놀라운 역할도 한답니다.

380 리터!

물은 자연에 존재하는 물질 중에서 액체(바다, 호수, 강, 물컵에 든 물), 고체(얼음), 기체(수증기, 구름)의 세 가지 형태로 존재하는 유일한 물질이에요. 여러분은 강에서 수영을 할 수도 있고, 얼어붙은 호수 위에서 스케이트를 탈 수도 있고, 추운 아침에 숨을 후 내쉬어서 입김을 만들어 내보낼 수도 있어요.

물은 또 다른 물질을 용해하는(녹인다는 뜻) 힘이 있어요. 물은 각설탕에서부터 종이에 이르기까지 거의 모든 물질을 용해할 수 있어요. 또 물은 표면 장력이 높아서 몸이 가벼운 벌레는 물 위를 걸어다닐 수도 있어요.

표면 장력은 물의 표면에 탄성을 줌으로써 물을 개별적인 물방울 형태로 변화시키는 성질을 말해요.

생물은 대부분 물로 만들어져 있다는 사실을 알고 있나요? 사람의 몸은 뼈와 근육, 피로 들어차 있지만, 체내의 절반 이상은 바로 물이에요! 사람은 신체에서 물이 차지하는 부분이 상당히 많아서 물 없이는 살 수 없어요. 사람은 음식을 먹지 않아도 한 달 이상 살 수 있지만, 물을 마시지 않으면 일주일 이상 살지 못해요.

물은 이렇게 사람의 몸에서 아주 많은 비율을 차지하고 있기 때문에, 우리는 물과 아주 특별한 관계를 맺고 살아요. 이 세상 모든 사람의 몸 안에 있는 물은 지구상에 있는 모든 물과 연관되어 있어요.

내가 처음으로 물에 대해 관심을 가지게 된 계기도 바로 사람과 물의 관계 때문이었어요. 특히 물이 얼어서 생기는 눈송이에 대해 알고 싶었어요. 여러분은 하늘에서 떨어지는 눈송이가 모두 그 결정 구조가 다르다는 사실을 알고 있나요? 해마다 하늘에서 떨어지는 눈송이는 수천만 개가 되지만, 그 하나하나가 다 저마다 다른 독특한 결정으로 이루어져 있어요. 그 이유는 무엇일까요?

나는 이 질문에 대한 답을 얻기 위해 물에 대해 공부하기 시작했고, 물이 진동을 통해 좋은 기운과 나쁜 기운에 반응한다는 사실을 발견했어요.

진동은 어떠한 물건이 아주 빠른 속도로 앞뒤로 움직이거나 떨리는 현상을 말해요. 진동이 다르면 물의 결정도 달라져요.

나는 먼저 물에게 행복한 내용의 말이나 기도문, 음악을 들려주거나 기분 좋은 사진을 보여 주고는 그 물의 일부를 얼려서 관찰해 보았어요. 현미경을 통해 얼음을 관찰하자 서로 다른 모양의 결정이 형성되는 것을 볼 수 있었어요.

결정이 각각 다른 이유는 우리가 물에게 보내 준 생각이나 감정을 물이 기억할 수 있기 때문이에요. 좋은 말과 감정을 보내 주면 물은 진동하다가 온갖 모양의 아름다운 결정으로 변해요.

하지만 물에게 슬픈 말이나 기도문, 슬픈 음악을 들려주거나 슬픈 사진을 보여 주면 물은 다르게 진동했고, 거기서는 전혀 어떤 결정도 형성되지 않았어요.

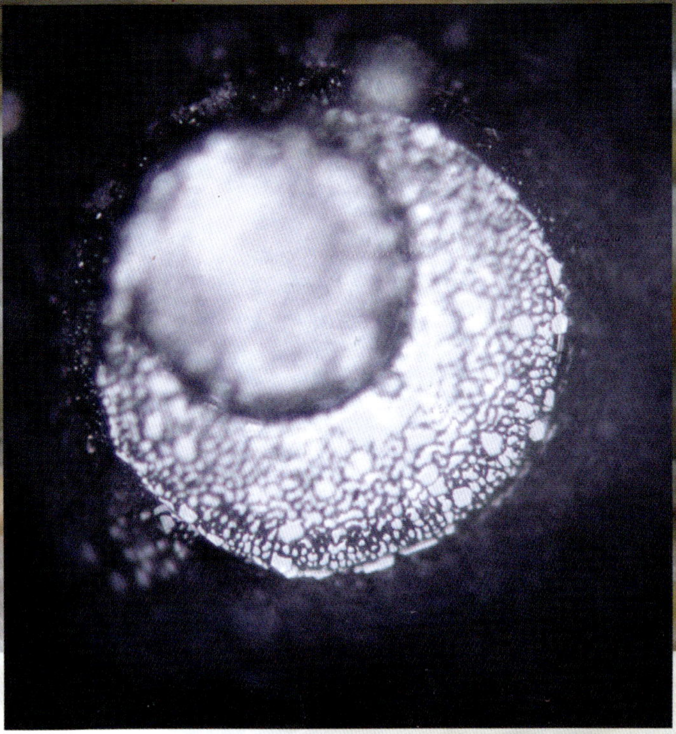

위의 사진 속의 결정은 어떻게 보이나요? 사진의 한쪽은 행복한 진동에 의해 결정을 형성한 물의 사진이고, 다른 쪽은 슬픈 진동에 의해 결정을 형성하지 못한 물의 사진이에요.

여러분이라면 어느 사진이 어느 쪽 물을 찍은 사진인지 알 수 있겠지요?

이 결정은 내가 물에게 '사랑'과 '감사'라는 말을 들려준 다음에 형성된 결정이에요. '사랑'이라는 말에서 나온 행복한 기운이 물을 진동시켜 이런 결정을 만들어 냈어요. 정말 아름답지요?

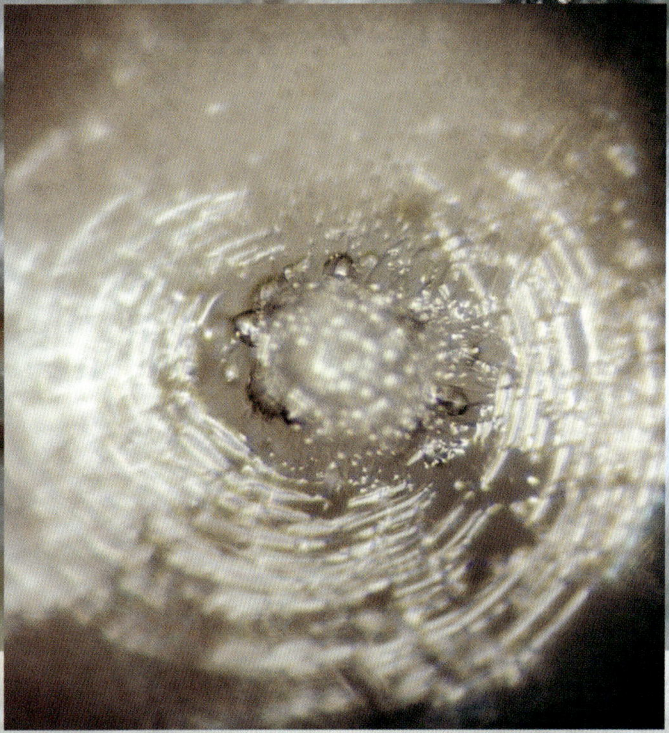

이 사진은 내가 물에게 '이 바보야!'라는 말을 들려준 다음 물을 찍은 사진입니다. 이 말에서 슬픈 기운을 받은 물은 아름다운 결정을 만들어 내지 못했어요.

'고마워'라는 말을 들은 물에서는 어떤 결정이 만들어질까요?
다음 페이지를 보고 확인해 보세요. 여러분 나라 말로 '고마워'라는 말을 듣고
생겨난 결정을 한 번 찾아보세요.
이제 여러분은 우리 모두가 물에 영향을 미칠 수 있는 힘이 있다는 사실을
알게 되었어요. 그러면 그 힘을 가지고 할 수 있는 일에는 무엇이 있을까요?
그것은 아주 많아요!

'고마워'라는 말을 각 나라 말로 들은 물이 형성해 낸 결정의 모양.

| 이탈리아어 | 한국어 | 프랑스어 | 중국어 |

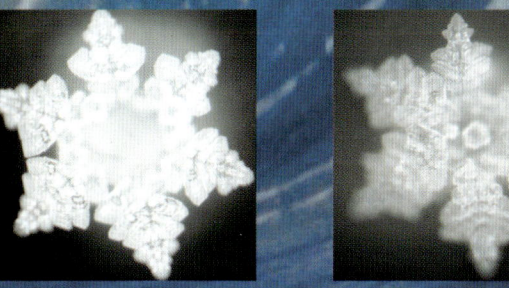

| 폴란드어 | 체코어 | 스페인어 | 독일어 |

| 영어 | 덴마크어 | 스와힐리어 | 타갈로그어 |

| 히브리어 | 핀란드어 | 일본어 | 네덜란드어 |

물을 깨끗하게 정화하고 물을 잘 보존하려면 우리는 물이 사랑과 감사로 반짝일 수 있도록 만들어 주어야 해요. 여러분이 물에게 사랑과 감사의 말이나 생각을 보내 주면, 여러분의 말은 물이 있는 모든 곳에서 물과 함께 즐거운 춤을 출 것이고, 또 이 세상 다른 어느 곳에서는 다른 사람이나 동물이 여러분의 행복한 기운을 받아 긍정적인 기운으로 충만하게 될 거예요.

이 세상에는 여러분의 도움이 필요한 사람과 동물이 많이 있어요. 저와 함께 힘을 합쳐 자연 재해와 환경 재앙으로 고통받는 사람들에게 여러분의 사랑을 보내 주지 않겠어요? 여러분은 사람과 동물과 땅과 물을 여러분의 행복한 말이나 생각으로 고쳐 줄 수 있어요.

자연 재해는 인간의 활동이 아닌 자연의 힘에 의해 발생하는 파괴적인 사건을 말해요. 쓰나미, 허리케인, 번개, 홍수, 가뭄, 지진, 화산 폭발, 눈사태, 토네이도 등이 모두 자연 재해를 일으키는 원인이 됩니다.

환경 재앙은 인간의 활동에 의해 자연에 피해를 일으키는 파괴적인 사건을 말합니다. 1989년에 엑손 발데즈라는 유조선이 알래스카의 프린스 윌리엄 해협에서 원유를 유출하는 사고를 일으켜, 야생 동식물이 죽고 해양 환경이 파괴되는 환경 재앙을 불러일으킨 일이 있었어요.

물은 놀라운 선물이에요. 물은 우리에게 너무나 많은 것을 제공해 주어요. 우리 몸에 양분을 공급하고 우리가 먹는 음식물을 기르고 우리 몸을 깨끗이 할 수 있도록 해 줘요. 이제 여러분이 물에게 무언가 보답을 할 차례예요. 여러분도 함께 해 주시겠지요?

그래요. 여러분에게는 물이 행복감과 사랑으로 반짝일 수 있게 할 수 있는 힘이 있어요. 물을 사용하면 여러분은 자신의 행복한 기운으로 자기 자신과 다른 사람들을 치유할 수 있어요.

바로 이것이 물에 감추어져 있는 비밀이랍니다. 이제 여러분도 물의 비밀을 알게 되었어요. 그러니까 이제부터 여러분의 마음을 사랑과 감사로 채워서 이 세상에 있는 모든 물에게 그 마음을 보내 주세요!

실험으로 알아보는 물의 비밀

물에 대해서, 또 여러분과 물의 관계에 대해 더 잘 알기 위해 여러분이 할 수 있는 몇 가지 재미있는 활동을 소개합니다.

구 름 없 애 기

여러분은 마음의 기운을 사용해서 구름을 사라지게 할 수 있나요? 직접 한번 해 보기 전에는 알 수 없는 일이죠! 구름을 잘 보려면 푸른 하늘에 흰 구름이 떠 있는 날을 고르는 것이 좋아요.

♥ 준비물 : 흰 구름 한 점

♥ 활동

1. 긴장을 푼다.
2. 하늘을 보고 실험을 할 구름 한 점을 정한다.
3. 마음에 정한 구름에 정신을 집중하고 이마에서 구름으로 빛 줄기가 뻗어 나간다고 상상한다.
4. 구름을 보면서 그 구름이 이미 시야에서 사라졌다고 상상한다.
5. 4번 단계를 하는 동안 구름을 사라지게 해 준 기운에게 고마운 마음을 보낸다.
6. 여러분이 보낸 기운이 작용을 하도록 몇 분 정도 기다렸다가 구름이 아직도 제자리에 있는지 확인해 본다. 효과가 있었나요? 어때요, 구름이 정말 사라졌나요?

식물에게 비밀 신호 보내기

여러분의 기운이 여러분 주변의 세계에 영향을 미치는 다른 예를 보고 싶나요? 혼자서 또는 학교 숙제로 이런 게임을 해 보는 건 어떨까요?

♥ 준비물 : 식물의 씨앗 2개(어떤 씨라도 상관 없지만 해바라기씨나 콩이 기르기가 쉬워요), 씨앗을 심을 컵이나 그릇 2개, 흙, 물, 종이 2장, 연필. 필요할 경우 어른의 도움을 구하세요.

♥ 활동

1. 흙을 그릇 2개에 채운다.

2. 연필을 사용해 그릇에 담긴 흙에 작은 구멍을 낸다. 구멍을 낼 때는 연필이 그릇 높이의 중간 정도까지 오도록 찌른다.

3. 구멍 하나에 씨앗 하나를 넣고 흙을 덮는다.

4. 그릇에 찻숟가락 하나 정도의 물을 각각 부어 준다.

5. 종이 한 장에는 '참 예쁘다' 라고 쓰고 다른 종이에는 '이 바보야!' 라고 쓴다.

6. '참 예쁘다' 라고 쓴 종이를 한 그릇에, '이 바보야!' 라고 쓴 종이를 다른 그릇에 테이프로 붙인다.

7. 두 그릇에 일주일에 한 번씩 물을 주고 햇빛이 드는 곳에 둔다.

8. 물을 줄 때마다 그릇에 붙어 있는 말을 소리 내어 읽어 준다.

9. 몇 주 후에 그릇에서는 싹이 나기 시작한다. 두 그릇의 차이를 살펴본다. 어느 하나가 더 빨리 자라지는 않나요? 어느 쪽 식물이 더 건강해 보이나요? 이 결과는 여러분의 말의 힘에 대해 어떤 점을 알려 주나요?

에모토 마사루가 지은 책

《물은 답을 알고 있다》
《물의 메시지》
《물의 진정한 힘》
《물의 결정 요법》
www.beyondword.com

참고 자료

에모토 마사루 박사
www.masaru-emoto.net

유엔 국제 생명을 위한 물 10개년
www.un.org/waterforlifedecade

국제 생명을 위한 물 재단 (IWLF)
www.internationalwaterforlifefoundation.org
국제 생명을 위한 물 재단은 사람들에게 지구상의 생명체에 영향을 미치는 물의 힘에 관해 교육하고, 이들의 인식을 높이기 위해 설립된 비영리 기관입니다. 2006년에 설립된 이 재단은 에모토 박사가 해 온 물에 대한 연구의 엄청난 잠재성에 대한 실험 계획을 수립하고, 이를 시험하기 위해 연구하고 과학자와 기관과의 협력을 도모하는 것을 설립 목적으로 하고 있습니다. 이 재단은 모든 사람들이 깨끗한 물을 이용할 수 있도록 하며, 물이 필요한 지역을 위해 물 자원을 개발하는 데 필요한 기술을 제공하고, 물과 관련된 예술과 학문 분야의 성과를 널리 알리는 사업을 지원하기 위해 노력하고 있습니다.

에모토 마사루 박사는 20년 이상 정열적으로 물에 대한 연구를 하고 있습니다. 박사는 독창적인 사상가의 시각에서 지구상의 물에 대해 연구 활동을 해 왔고,《물은 답을 알고 있다》《물의 메시지》《물의 진정한 힘》 아름다운 물의 결정 사진에 해설을 단 3권짜리 사진집을 포함한 많은 베스트셀러의 저자이기도 합니다.
이 책들은 25개 이상의 언어로 번역되었습니다.

에모토 박사는 오랫동안 물의 보존에 앞장서 왔다.
현재 대부분의 시간을 세계 각지를 돌아다니며 세미나를 통해 자신이 사진으로 찍은 물의 결정에 나타난 평화의 메시지를 전파하는 데 보내고 있다. 현재 비영리 기관인 국제 생명을 위한 물 재단의 명예 총재다.

《물의 비밀》은 어린이들에게 놀라운 물의 세계를 보여 줍니다. 이 물을 소중하게 다루는 것이 사람들의 건강과 지구의 복지에 얼마나 중요한지 그 이유를 가르쳐 주고 있습니다. 《물의 비밀》은 물의 생명 주기에 관한 재미있는 사실들을 소개하고, 여러분들이 직접 실행해 볼 수 있는 흥미로운 실험 방법을 제시하면서, 각 가정에 물이 이 세상에 보내는 특별한 선물을 누려 볼 것을 권유하고 있습니다.